LYRIKEDITION 2000
begründet von Heinz Ludwig Arnold

Das Buch

»Ferne Quartiere« ist eine Gedichtsammlung mit spannungsgeladener Atmosphäre. Timo Berger ist Flaneur in Rio und Buenos Aires. Hier findet Berger den idealen Schauplatz für seine Gedichte – hier im geordneten Chaos treten die Gesetzmäßigkeiten der Dinge und Menschen viel deutlicher zutage. Hier entblößen sie ihre ursprünglichen Wahrheiten. Schlaglichtartig wird das Aufeinandertreffen von Gegensätzen beleuchtet: schwarz/weiß, arm/reich, tierisch/menschlich. Da gibt es die Poesie der Reichen und die Poesie der Armen. Gewalt ist dabei den Spannungspolen immanent.

In lakonisch stilvoller Sprache fängt Berger seine Betrachtungen ein und hängt diese an Assoziationsketten, die den eigenen Standpunkt mit reflektieren: weiß, reich, menschlich. Texte voll explosiver Schönheit.

Der Autor

Timo Berger, geboren 1974 in Stuttgart, lebt nach Aufenthalten in Buenos Aires und Barcelona seit 1999 als Autor und Übersetzer in Berlin. Er ist Mitgründer der Lesebühne »visch & ferse« und war Mitorganisator des Internationalen Festivals aktueller Poesie, »Salida al Mar«, in Buenos Aires. Er veröffentlichte Erzählungen und Lyrik in Zeitschriften (u.a. ndl, lauter niemand). Bisher erschienen u.a.: »Sex and Sound« (2004), »Erinnerungen an die Regionalliga« (2005), »Kafka und ich« (2006) und zuletzt »Neu Chicago« (2007). Er erhielt Preise und Förderungen, u.a. 2006 das Literaturstipendium der deutsch-polnischen Stiftung (Villa Decius, Krakau).

Timo Berger

Ferne Quartiere

Gedichte

LYRIK
EDITION
2000

Weitere Informationen über den Verlag und sein Programm unter:
www.lyrikedition-2000.de

Gefördert von Books on Demand, Norderstedt

Bibliografische Information der Deutschen Nationalbibliothek:
Die Deutsche Nationalbibliothek verzeichnet diese Publikation in der
Deutschen Nationalbibliografie; detaillierte bibliografische Daten
sind im Internet über http://dnb.d-nb.de abrufbar.

© 2008 Buch&media GmbH/LYRIKEDITION 2000
Umschlaggestaltung: Buch&media GmbH, München
Herstellung: Books on Demand GmbH, Norderstedt
Printed in Germany
ISBN: 978-3-86520-315-1

EIN PAAR FÜSSE KOSTEN NICHT DIE WELT

Einer fährt nach Rio und schickt
Postkarten aus Monte Carlo

Botanischer Garten

Kein Papageiengespött, kein nackter
Wilder, die ersten Bilder von der Stadt
am Januarfluss stellen sich mit leichtem
Rotstich ein: Giselle und ihre Auto

Liebe: ein landeifarbener Käfer trägt
die *Nouvelle Vague* heiser schnurrend
durch die Kurven: *in dieses Gefährt
macht mir kein Taxi-Boy Flecken*

Gegen den Rückspiegel klatscht Elvis
The King, aus Hartgummi, ein Sex
Versprechen, während sich hinter uns
eine weiß gelackte Schranke senkt

Der erste Sicherheitsring, *wir leben*
sagt Giselle, *auf der Habenseite
der Stadt,* die unten in den Tälern
jede Nacht die Nacht überfällt

KOMPLIZIERTE FÄLLE

Giselle und ihre Mutter
haben zu Mittag
zwei Themen

Die Einrichtung zuletzt
besuchter Lofts

Und komplizierte Fälle
aus ihrer Praxis

Amnesie, ja [ ]/nein [ ]
Lacan, Freud
und für wen
hält sich
der Dritte?
....

Naherholung

Lagune. Der lange Lauf zur Schönheit
    der Jogger am Ufer

Saum sonntags. Der einstudierte Hüftschwung
    im Aerobic-Areal. *Hula-Hoop*

An der Salzwasserscheide. Männer mit nackten Brüsten
    und ausgeworfenen Netzen

Mützen von *Hering*. Man fischt für den Stadtteil-Grill
    oder die Polaroids der Greencard-Gringos

EWIGE KONSTELLATION WENIGER SEKUNDEN

Auf der Abbiegespur nach *The Girl from Ipanema*
bellt ein Jeep, die Boxen am Anschlag

Ein Komma kann ein Abzug sein
im Gelände, ungesichert, wird Kandis

Verteilt, über die Ampelphase ein Lotto
Fahrschein ins Glück für gefrorene Sekunden

Im Augenwinkel fest, Bewegungsmelder: Die Stadt
wie Champagner, steigt schnell zu Kopf

Vor uns im zeitweilig stöckelnden Verkehr ein Motorrad
Kurier, *leicht behelmt und beharnischt*

Sein Hemd weiß *Reichensöhnchen Playboy*
Sohn aus armem Hause Motoboy

Rotbucht, ungeklärt

Am Zuckerhut trudeln Tauben
oder Paraglider im Aufwind
unten auf einer rostroten Düne
stochern rabenschwarze Geier

In den Resten von Touristen
in dieser Bruthitze ist jeder
Flügelschlag ein Schlag zuviel
die Hautlappen

Der Geierhälse, gestern
im Überschwang rot lackierte
Krallen zupfen ein Dreieck
zurecht. Giselle liest im Liegestuhl

Ein *Supplément*. Im Schatten
der Helikopter wachen Taucher
über den Drift, das Treiben
der Völker der Strände

ENDSPIEL IN DEN TROPEN

> Bringen Sie Ihren Hund nicht
> an den Strand. Das ist schlecht
> für Sie und noch schlechter für ihn.
> *Schild an der Praia Vermelha*

Der Chopin im stumpfen Grün
der zweiten Oxidation stützt
seinen Kopf auf die Hand
er ist kein Strandmensch
ein einmaliger Abguss
schwitzt in Gedanken
an schnelle Triolen
und die erst in den Tropen
entwickelte Arthritis
links und rechts
Kastanien, eine Kaserne
vielleicht ein paar bless
ierte Hühner, kein Hund

BRINGSERVICE

Die Affen am Fenster, morgens
hinterm Milchglas, wissen
die Abfälle dieser Küchen
sind deliziös und erreichbar

Über der Loggia liegt kein scharfer
Alarm, auch wenn die Kolibris
im Tiefflug ihre Faden
Zungen in Honigtöpfe tauchen

Zu einem Frühstück nach Fitnessfibel
gehören Baummelonen in Scheiben
Zuckeraustauschstoffe, die Schlag
Zeile des Jornal do Brasil:

Niemand entführt dich
in die Nordstadt. *Ein paar Füße
kosten nicht die Welt.* Und wozu
haben die Märkte hier Delivery?

Café Livros

Oben ist die Favela noch eine Stadt
Gottes – ich bewege mich
auf Meereshöhe, von Giselles Mutter
zu Marisí, wo der Cine Club Leblon
jeden ersten Dienstag im Monat
in den ruralen Farben eines

Bulgarischen Cineasten schwelgt
sonst nur Bistros, teure Cafés
ein dunkler, im Eichenfass gereifter
Zuckerrohrschnaps bei Livros
Ipanema. Keine Buchhandlung
ohne Ausschank, *nimmermehr*

GLÓRIA

*Ich liebte den Akt
der Entfernung.*

Camila Do Valle sagt
eine Scheidung ist
wie ein Reißverschluss
der gegen den Strich
geöffnet wird

Erst verschwindet wer
in einer Boutique, dann
wandert ein Schreibtisch
(1 Platte, 2 Böcke)
ins Häuschen, hinten im Hof

STRANDLANDSCHAFT

Der Copacabana-Coconut-Dealer
balanciert freihändig auf dem Fahrrad
er hat Frauensachen an und pfeift
auf dem letzten Loch einer Macumba-Tröte

Wir treten ausgetrunkene Kokosnüsse
die Schädel der Schwarzen über den Sand
weiter unten spielen sie Beach-Volleyball
oder sie spielen *prêt-à-porter*

Gedicht, atmosphärisch aufgeladen

Die Berge, da draußen, verschwinden im Regen
Paula bückt sich und zurrt
die Riemchen ihrer Ballerinas fester

Weil der Vater auf dem Hometrainer
in Tränen zerfloss, gibt es heute nur
den Brennnesselaufguss von gestern

Dass jemand in einem Brief schrieb
ich sitz' allein am Rand einer Avenida
war noch nie da, wo die Liebe auf Distanz

Die Distanz verlor. Die Wolken ziehen vorüber
Paula bückt sich und zurrt
die Riemchen ihrer Ballerinas fester

On the Radio

Tom Zé singt
über Brigitte Bardot
Ô, ô, jetzt ist sie so, so ...
allein in ihrer Pelz
losen Welt

Mit wem teile ich im Alter
meine Phobien vor Selbst
Gestricktem, vor Zeichen
Trickfilmen?

Ich stelle mir vor, mich
in den zwei Dimensionen
einer Illustrierten
zu finden, als Schnitt
Vorlage

Das fühlt sich bei
Leibe nicht gut an

Städte, verräumt

Vor dem *Coop*
stapeln sich Obst- und Gemüsekisten
eine Palette Polarbier
das mit dem Polarbär

Der Wächter (*security minority*)
in der blauen Kabine trägt
die Krawatte zu kurzen Hosen
in seiner Freizeit ist er ungebunden

Jongleur oder Hobbymaler
er kennt die Gesetze der Märkte
und weiß, hier unten treffen schwarz
und weiß auf schwarz auf weiß

Oben auf dem Hügel
unter der Leuchtgestalt
pressen sich Tennisplätze und Pool
Terrassen hinter Natursteintrassen

Bus 372, Glória über Leblon

Quer zur Fahrtrichtung sitzt
ein Schaffner – hier
ist die Welt der Busse noch
saftigsüße Papaya

Einer, der erklärt, wo's langgeht
Haltestellen markiert, die
Schließ- und Abfahrtsgeräusche
der Hochgeschwindigkeit
entlässt, *Halten Sie sich
gut fest*

»Pfade« heißt ein großer Supermarkt
zur Linken

Der Schaffner zählt akkurat
über die Finger gefaltete Scheine
hängt im gelben Gestänge
Passagiere gleiten durchs Drehkreuz
in den nickenden *Afterwork*
Minutenschlaf

Die Stadt ist eine Gürtelrose

Erst war hier der Schlachthof
dann kamen die Häuser
der Freak
und du

Neu Chicago

Zwischen Kühltürmen konvertiert
englisches Pfund zu Pflastermusik
und auf der Ladefläche liegt die Coca Sarli

Das Nackt-Sternchen des Neuen
argentinischen Kinos schlüpft
in *gefühlte* Sechziger Jahre

Fleisch ist Fleisch ist Fleisch
Stammelt in Halbtotale ein Nachsteller
gestalkt wird nur an Wochenenden

Seit Mittag steht bestialischer Gestank
über den Zinnen der Häuser
man wartet, bis der Wind dreht

Der Regen das Rot der Straßen
die Reste der Schlachtplatte von gestern
in den Rinnstein spült

Anmerkung: »La Nueva Chicago« heißt der Fußballclub des Viertels Mataderos von Buenos Aires (Argentinien) in Anspielung auf Chicago in den USA, wo Ende des 19. Jahrhundert mit der industriellen Schlachtung von Rindern begonnen wurde.

KALTBLÜTER ÜBER FLIESEN

Parzelle um Parzelle die Felder
von Zement und Ziegel versiegelt
am Schlachthof. Über der planen

Ödnis, im Flussbett des Rio Matanza
jetzt Häuser, ohne Fug und Recht
winklig eins ans andre gesetzt.
Die unbelebten Dachterrassen

Erheben sich über den Höfen und
Schächten. Das Beben der Busse
das ständige Kommen und Gehen
der Container bedeutet Haarrisse

Über dem Spülspiegel, *das ist definitiv
dein heutiges Gesicht.* Die Geräusche
der Nachbarn, die ihre Körper
wie Kaltblüter über Fliesen schieben
Es kommen Reinemachfrau

Und Rechnungen in diskreten Um
Schlägen durch den Türschlitz
die siebenstellige Mieternummer
beharrliches Klingeln *immer
wieder montags* nimmt niemand
die Treppen im Sturm

DER SCHLACHTHOF

Der Tod, diese letzte gepeitschte
Runde im Rodeo der Bieter
wartet, eingepfercht und ruhig

Gestellt auf der Zufahrtsstraße
unter dem Kreuz des Südens, wo ein Jungbulle
seiner wünschelnden Rippe (*der Weg*

Des geringsten Widerstands) folgt
Hormonschub und Schockstarre, hoch
auf den Haken und draußen auf einmal

So was wie unausgesprochener Regen

RAUCHEN VERBOTEN

Die Sonne, ein unterbezahlter
Panzerstecher, öffnet die Trutz
Burgen am Rande der Stadt
(*Jalousien helfen nicht, mein Herr*
sie zeichnen nur zusätzlich
Gitter an die Wand ...)

Ein Bewohner, mit einer Zigarette
auf die Balustrade verbannt
wo sonst niemand
um die Sehnen der Häuser
(*mehr Familien*) an die Feuchte
der Tage zu gewöhnen

Blinzelt (*verschwörerisch*)
ins Licht, kann auch sein
dass sein Lid springt
wie eine selbst
gebrannte CD

Veteranen

Über die Brache marodieren
Banden von Hunden
scheckig und selbstorganisiert
(*Nachbarn kommen mit Töpfen auf
den Plätzen des Viertels zusammen*)

Autos werden gegen Abend
in Garagen geparkt, bewacht
oder vom Fachmann filetiert
Skelette, in denen Mensch

Und Tier schon Nächte (*Rückzugs
Gefechte*) gemeinsam verbrachten

HAUPTSTÄDTISCHE KOKETTERIE

Die Stadt spaziert gen Westen
(*sie ist orientiert*)
pflanzt sich Block für Block
in die Pampa fort
ein immergrünes, taghelles

Gewächs, *alles geht*
in der umzirkelten
Urbanisation. Die Stadt ist
eine Gürtelrose
ihr Kleid ein neokoloniales

Cordjackett, der Stoff ist wieder
in, ist Hypermoderne
hoch zwei, drei Türme. Die Stadt
hat ein paar neue Tanzschritte
drauf, man kann ihr

Tief in den Ausschnitt schauen
ihr Ufer, ein Abgrund
hier sagt man *Bajo*
wo Geröll, Schlick, Schill
verfüllt, verbaut und

Aufgefaltet zum Mariengebet
die Stadt auf einer kapitalen
Spalte (*sie ist immer noch*
die Alte)
schlägt sich in Mäntel
aus feinstem Flachs

Tarife

Das Casino jenseits der Autobahnbrücke
eine blinkende Leuchtschrift, die den Verkehr regelt
den Umsatz. In der Provinz werden Messer
an Gesetzen geschärft. Und Undercover-Kommissare
defilieren in Latex und Tüll an der Auffahrtrampe

Und desavouieren Tarife. Die spontane Kundgebung
für die Straffreiheit schon verkaufter Liebe
es gibt immer einen Weg, zumindest die Möglichkeit
zum U-Turn. Der Taxifahrer fährt mit einem
devaluierten Jeton (Plektron) über den Sender
ein Hintergrundrauschen für eine Winternacht

Die Begleitung (vom Straßenrand aufgepickt)
wechselt von der Hinter- auf die Vorderbank
ins kleine Schwarze, die Kugel rollt und rollt
nur der Ring am Finger bleibt billiger Tand
die Hand des Croupiers *Rien ne va plus*

NACHBARSCHAFT

Wind von der Pampa her, wird unterwegs
gesagt, bringt Massen kühler Luft, Regen
und unten an der Hauswand, eine Katze

Gegen den Strich gebürstet, *casual wear*
eine Freigängerin, die weder die Milch
die ihr die Alte schon seit Jahren an den Zaun

Noch die Müllbeutel am Bordstein verschmäht
nur heute kommt sie zu spät, der Abfall
den die Nachbarn zu Pyramiden stapeln

Ist sortiert und verladen. Es bleibt ein fahles Licht
das aus Passagen fällt, und Transformatoren
im toten Winkel der Häuser

Fernbedienung

Von innen beschlagen, Blut
auf der Außenseite Abdrücke
von Fingerkuppen, feiner Staub
im Neonlicht der Vitrine
schwitzen Eingeweide, unter
einer Kruste aus weißen Punkten
ein Strang Rippen; darüber
die Waage, ein Daumen
der wie abgeschnitten auf

Einer Fernbedienung liegt
von irgendwo da draußen wird
in eine Ecke des Lokals gesendet
ein Flackern auf dem Schwenkarm
eine Karosse oder Karosserie
zur Ziehharmonika aufgeworfen
von Hundertachtzig auf Null
in weniger als einer Sekunde

ÜBERFALL AUF DIE FANTASIE EINES HEIMGEKEHRTEN

Etwas verkohlt im Ofen, Gestank
von verbranntem Eiweiß füllt den Raum
weil keiner der auf dem Boden Liegenden
die Hände über den Köpfen, Geldbeutel
und Mobiltelefone zur Seite, schnell

Den Holzschieber bedienen kann
der Pizzabäcker verteidigt die Kasse
es kracht. Einem der Kunden, der
Zuhause eine DVD unterbrochen hat
um den Hunger seiner Gäste zu stillen
spritzt Blut auf die Kleidung und
Angst macht Flecken. Eine Karte

Lässt sich sperren, doch sein Trikot
ist ein Unikat, signiert von den Spielern
von Barça und Beweis für den Erfolg
in der Fremde eines unerwartet
Heimgekehrten, einer, der sich
heute dennoch verspätet

Kunst der Aussenbezirke

Die gemalten Werbeplakate
die einzige Ausstellung
von Gegenwartskunst
die es bis hierher geschafft hat
riesige Formate, Mischtechnik

Auf den Dächern der Häuser
oder raumgreifend am
Straßenrand montiert und Busse
die siebenhundert Linien befahren
sich von Ampel zu Ampel
durch den Stau schieben

In allen Spektralfarben lackiert
Pop-Art-Skulpturen der Vorstädte
nur schmutziger und verbeulter
als die, die im Blickfang
der Linsen die Schauräume
des Zentrums verstellen

Nabelschnur

Die Mutter bleibt durch eine ständige
Leitung mit dem Sohn verkabelt
Rezepte, Hinweise zur Reinigung
der Möbel und des Geschirrs, die fehlende

Waschmaschine im Bad, die Unsicherheit
welche Pflanzen im Licht und welche
im Halbschatten, manchmal auch
gemeinsame Behördengänge oder

Ratschläge zur Lebensführung
im Allgemeinen, Geschichten
wie es früher einmal war
Ein Auszug ist keine Sache

Die von einem auf den andern Tag
vonstatten geht, weniger noch
wenn keine Frau im Vordergrund
der agilen Alten das Wasser
mit Raumtemperatur und ohne

Kohlensäure bitte reicht, sondern
weiter Schnitzel wie Bettlaken ohne
Bestellschein zu quittieren sind

Mikroklima

An den Straßenecken, die
zusammengenommen Oktaeder
bilden würden, haben sich Banden

Zum *Gangbang* verewigt, eine
streunende Jugend, die einzelne
Straßen oder ganze Viertel
dominiert, domestiziert

Mit ihrem Musikgeschmack und
einer stadtteilbasierten Mikro
Politik: »Halt durch
Mataderos!«, *Aguante*

La Renga, »Villa Luro
Rolling-Stones-Viertel!«
Meistens steht auf
den roten Ziegeln
dem vor kurzem gelb

Oder grün überstrichenen
Putz auch nur: »Ich liebe
mein Mädchen/*more*
on my blog«

Virtual love affair & company

Eine erste Begegnung kennt weder Namen
noch Adresse, ein (spitzer) *nick* und
eine vage Beschreibung des Ortes
in der Nähe von, müssen genügen
denn auf einen Schlüssel – zufällig
aus der Tasche gefallen und gefunden
oder absichtlich entwendet – kommt

Beim Eisenwarenhändler um die Ecke
in fünf Minuten eine perfekte Kopie.
Den Türöffner unauffällig oder Finderlohn
nein danke zurückgebracht, schafft
sein Doppel nun Zutritt zu fremden Welten
wie sonst nur ein Fenster, vergessen
im Chat, im Cybercafé

Spanischlehrer für Ausländer

Einmal der Clown der Klasse, immer der
Gnom der Nachtwache mit drei Akkorden
in einer sich ausdünnenden Runde am Feuer
aus dem Songbook: *House of the rising sun* oder
in eigener Sprache: *Die schönsten Frauen/
verschwanden als erste*. Ganz sicher Zelte

Im Hintergrund, Wiesen, eine sich drehende Flasche
der Zusammenprall feuchter Lippen, sein Rotwerden
aufgrund eines Fehlers oder der Regeln des Spiels
noch eine Unaufmerksamkeit und die Gitarre in Flammen
Zwanzig Jahre später bringt er vom Wechselkurs
Begünstigten bei, wie man in Buenos Aires
spricht; dieser blonden Gringa, dieser unglaublichen

Italienerin mit Locken, Ausflugsprogramm inbegriffen
umfassender Begleitservice, eine Hand, die eintaucht
in eine fremde Körperfülle, der Blick dabei starr
auf die Wellen des Tigres, eine rutschige Planke
auf dem Boden der Barkasse und ein Salto
nach hinten, um seine Offenheit zu beweisen
oder seine enorme Lust, in dem fauligen
Wasser auf argentinischer Seite zu baden

Die Natur der Natur

Die Ameisen

Sie antworten nicht, die Ameisen. Sie stellen sich dumm und tun so, als würden sie mich nicht verstehen. Doch ich weiß: Seit geraumer Zeit beobachten sie mich. Ich liege im Wohnzimmer auf dem Teppich. Hinter der Schiebetür aus Glas beginnt der Garten. Ich weiß, dass keine drei Meter entfernt eine ihrer Straßen verläuft. Ein Trampelpfad durch den seit Monaten nicht gemähten Rasen. Wenn ich hinausgehe, mich an den Rand ihrer Straße knie wie ein überdimensionierter Anhalter, bremsen sie nicht. Drängeln weiter Richtung Hecke. Ich unterbreche ihren Verkehr mit dem Zeigefinger. Sie zwiebeln nicht, sondern klettern den Arm hoch, springen mir auf die Schultern wie Ratten oder dressierte Papageien. Eine fällt mir ins Ohr. Ich frage: Warum habt ihr alle dasselbe Ziel? Die Ameise morst, die sechs Beinchen auf dem gespannten Trommelfell, ein polyphones SOS. Ich leide an einem Schwindelgefühl, das die Ärzte nicht erklären können. Wenn ich ihnen von den Ameisen erzähle, antworten sie nicht. Sie tun so, als würden sie mich nicht verstehen. Doch ich weiß: Seit geraumer Zeit beobachten sie mich. Ich liege im Sprechzimmer. Hinter der Flügeltür beginnt der Warteraum …

Der Untergang

Weiß nicht, was mich heute getrieben hat, nicht wie sonst zu duschen und die Kaffeemaschine anzustellen, sondern die Jacke überzuwerfen und die Treppe zum Dachgeschoss hochzusteigen. Ich glaube nicht an Eingebung. Das einzige, was mir entgegenschlug, war die Kälte eines unbeheizten Treppenaufgangs. Die Stufen nahmen sich schneller als sonst. Ich hatte schon die Luke vor Augen, die Holzleiter, die im Halbdunkel aufs geteerte Dach führte. Doch auf dem Zwischenabsatz der Treppe bot sich ein schrecklicher Anblick. Hunderte toter Wespen, auf dem Rücken, bäuchlings, alle sechs Beinchen vom Körper gestreckt, gekrümmt, mit zerknitterten Flügeln, ohne Flügel, ineinander verbissen, verklebt, manche Panzer nur noch leere Hüllen, von ihren Artgenossen im Todeskampf ausgesaugt, mumifiziert, unter Staub, von Schimmel bedeckt. Abgetrennte Köpfe, Fühler, Gürtelplatten, Beißzangen. Auf dem Fensterbrett ein ganzer Haufen. Ein weiterer am Fuß des Allesbrenner, aus meiner Küche seit dem Einzug vor mehr als zwei Jahren auf den Absatz getragen. Da drinnen hatten sie ihr Nest gebaut. Den Sommer über waren sie durchs Treppenhaus geschossen, bereit, sich in Türen zu stürzen, zwei Wespen lebten noch. Sie kämpften mit der Milchglasscheibe, glitten am Fenster ab, lagen auf dem Rücken wie Käfer, ohne Kraft, sich umzudrehen. Ich näherte mich ihnen. Harmlose Biester. Die Beinchen flimmerten nicht, sie zuckten bloß. Ein ganzes Volk im Nahrungsmangel dahingesiecht. Nein. Die jungen Königinnen hatten sich davongemacht, verharrten im Gebälk in Winterstarre. Was hier lag, war Arbeitervolk.

Der Bär und er

Der naturkundliche Dichter scheidet *landscape* von *nature*. Er fährt in die USA, um die Landschaft zu verlassen. Er faltet sein lyrisches Ich im Spiel mit den Wellen am Pazifik und den Sandstürmen in den Wüsten Arizonas. Der naturkundliche Lyriker ist behaart und von großem Wuchs. Sein Augenlid hinkt bisweilen seiner intuitiven Wahrnehmung hinterher. Wäre er etwas weniger blass, Teenager könnten Poster von ihm an die Zimmerwand heften. Auf den Fotos, die seine Freundin schießt, steht er am Ufer eines Zungenbeckensees oder bläst Löwenzahn ins Gegenlicht. Auf seinen Trip in die Staaten hat er sie nicht mitgenommen, denn er hat a) ein Stipendium, das keine eheähnlichen Gemeinschaften einschließt und b) ist er der Überzeugung, sich der Natur nur allein nähern zu können. Er fährt den geleasten Toyota bis in den Yosemite Nationalpark. Er mietet eine Holzhütte mit Pritsche und Kochnische. Er steht mit den ersten Sonnenstrahlen auf. Er hat kein Radio, keine Telekommunikationsmittel dabei. Er möchte einen Bären treffen, um das Mysterium ihrer Einsamkeit zu ergründen. *Warum kommen sie nur zur Paarung zusammen?*, schreibt er. Natürlich weiß er um die Tradition der Naturlyrik bestens Bescheid. Seine Kritikerin lobt, er breche sie »ironisch und autoironisch«. Er schreibt: *Der Bär hat sich mir aufgebunden/leckt den Ahorn-/sirup vom Brot und gibt/Ernährungstipps ...* Er weiß, dass sein Genre in Kriegszeiten prosperiert. Bush hätte er nie gewählt, aber Michel Moore ist keine Alternative. *Abnehmen/fängt im Kopf an*. Wenn er ein Gedicht schreibt, vor der Holzhütte der Bleistift, der vom Blatt zum Mund wandert, versucht er, die Wegzeichen, die Mülleimer alle 500 Meter, den freundlichen Ranger, der Wasserproviant und biometrische Daten prüft, zu übersehen. Dann steht er auf einmal Iris in Iris mit dem Colorado-River, *Metapher der Beharrlichkeit*, und schnuppert die Duftstoffe der Blumen im Death Valley, *Metapher der Vergänglichkeit*. Dann überlegt er, wie er seine asthmatische Gemengelage (sein Ich im urbanen Kontext) postallergisch defragmentieren kann. *Die Natur der Natur/*, schreibt er, *ist der Ort, wo/Schönheit und zeitlos/keine Gegensätze sind.*

Höhenkoller und *Tiefentrauma* heißen Teile eines Zyklus, den er mit den Worten beginnt *Das Ich im Strudel von Symmetrien und Asymmetrien* ... Wenn die Freundin in der Ferne die Kissen aufschüttelt, spürt er in der Nase ein Zwicken: Zeit, die Zelte abzubrechen.

Barbecue

Ins Rund der Männer in Mokassins spricht er von Marranen, die Fäden flechten, dem Heiland ein Totengewand. Die Intrige putzt ihr Gefieder. Das Genmaterial sortiert sich in die nach Geschlecht getrennten Areale. Die Vorspeisen werden aufgetragen. Er lässt es sich nicht nehmen, sich selbst an den Rost zu stellen, mit dem Zweizack das Grillgut zu wenden. Ein Stück Pansen? Blutwurst? Bauchspeicheldrüse? Aufgefächerter Zwölffingerdarm? Hinter ihm und seinen Künsten die Schiebetür, ein Chalet in amerikanischem Landhausstil. In einem Viertel das »Florida« heißt, mit Akzent auf dem »i«. Zwanzig Blocks von der Stadtgrenze, in einem Karree von Straßen ohne Straßenschilder, Platanen und weiß getünchte Wachhäuschen. Die Regenrinne muss im Herbst von Laub gereinigt werden, sonst bildet sich Humus, das Wasser tritt über. Seine Frau ist Jüdin, in die Familie mit Namen geraten. Die Tanten lassen Sekt an Zitronensorbet zergehen, kauen halbseitig gelähmte Schimpfnamen auf den kalibrierten Gebisshälften. An der Kieferorthopädie sollt ihr sie erkennen, an dem am Gaumen verschliffenen S, hat ihre Mutter, Gott habe sie selig, gesagt, Bist du glücklich? Sie trägt das Tablett über Riemchensandalen, in diesem ordinären Kleid. Das passt zu ihr. Das mag sie, denkt sie, eine leise Provokation bis in die dünnen Träger, die unter offenem langen Haar verschwinden. Auf dem Rasen vor der Terrasse wird ein Ball in den Nachmittag geschlagen. Ein Platschen. Der Pool. Über seinem Wasser spannt sich ein öliger Film. Der Ball tanzt. Die mitgebrachten Kinder machen lange Arme. Er streicht über Gelenkschoner aus Leder und denkt an ein Gestern. In einem Restaurant an der Küste. Die Treffen mit den Jungs sind ihm heilig. Die Ausflüge in die Unterstadt. Wieder wie früher, als sich kein Ring in seinen Finger schnitt. Ihr Abkommen. Wird es zu spät, kehrt er vor der Schlafzimmertür um. Vier Stunden faltet er sich auf die Couch, bis man Kaffee und Halbmonde bringt. Ein steifer Nacken. Er dehnt die Halswirbel, bis es knackt, blinzelt gen Westen: Sonne und Tanten strecken die Kelche nach oben. Bestes Importgut.

Kleinere Tiere

Freitags lud das Jugendhaus zum Teenie-Dance. Wenn der Busverkehr abbrach, fuhr der Rastafari das Set gegen die Wand, toastete mit dem Zungenschlag des süddeutsch Sozialisierten über den *riddm*. Draußen, das verschwitzte T-Shirt über den Rippen verknotet (früher ging das und galt als chic) begegnete ich hinter einer Litfasssäule, pinkelnd, Christian Wagner, der Heimatdichter und Fluch der Schönschreibstunde. Er pflegte nachts über den Parkplatz des angrenzenden Breitensportareals zu flanieren. Den Autoschlüssel als Köder, lockte er heimkehrwillige Knaben in den Wagen. In der Waldschneise beschäftigte er den Tachometer und seine Obsession für spärlich Behaartes ... Anderntags nahm ich den Weg über die renaturierte Deponietrasse. Müll- und Abraumhalde Schopfloch: Von der höchsten Erhebung sah die Stadt aus wie Little Manhattan. Periodische Beben im unteren Bereich der nach oben offenen Skala vermochten es nicht, die Schläfer der schwäbischen Terrorzelle zu wecken. Im Zentrum – über dem Hohenzollerngraben – ein City-Tower, ein Kaufhaus-Klon, seit kurzem die Römergalerie und tiefhängender Schwefelwasserstoff. Wagner wurde zuletzt am Fern- und Güterbahnhof (heute regulärer S-Bahn-Halt) gesehen: Sehr zur Freude örtlicher Pflanzenschützer dokumentierte er Reifenabdrücke auf verhindertem Sumpfdottersalat.

Restposten aus London

Uff den Sonntag freu ick mir.
Ja, denn jeht et raus zu ihr,
Feste mit verjüngtem Sinn,
Pferdebus nach Rixdorf hin!
Dort erwartet Rieke mir,
Ohne Rieke keen Pläsir!
In Rixdorf ist Musike,
Da tanz ick mit der Rieke,
In Rixdorf bei Berlin.

Littke-Carlsen

Quartiersmanagement

Die Mädchen spucken wie Männer nach links
nach rechts ihre Marke, wischen nur nicht
mit der Schuhspitze nach

Zu zweit, zu dritt umrunden sie den Block
Restposten aus London im Blick, das Tele
Café, da zeigen die Nachbarn Figuren im Tanz
den Welpen den Rinnstein

Auf dem – so sagt man – harten Pflaster
ist Solidarität ein Wort beim Abtransport
der Straßenmöbel, Kühlschränke im Ringtausch

Die Mädchen ziehen vorüber, ein Päckchen Rauch
auf Pump, weil man sie kennt, mit geschulterter
Ghettoromantik spielen die Jungs an der Tanke
die Jungs von der Tanke *ich will sie, will sie nicht ...*

ORIGINAL OHNE UNTERTITEL

Am Set zuerst die Trockenübung, dann Klappe
die Hasskappe tief ins Gesicht

Vor einer Polizei, die fixiert und leibesvisitiert
weißelt die Lichtregie die Dämmerung
als Korona um die Köpfe

Deine Rolle: du bist Allergiker (stell dir vor)
keuchend und bis auf den Slip nackt
auf einer Kreuzung in Kreuzberg, du bist
Linksträger (Tatsache)

Aus gesicherter Stellung simst die Voyeursdistanz
ein freches *wir gegen das System, haste Bock?*

Die Beamten (Komparsen, die Hände am Kot-Flügel)
malen Kreise auf den Faltplan
die Stadt aus der Arschtasche, sie wollen dir
ein Faulei, einen pyrotechnischen Durchschlupf
bereiten und hinter dir die *Firewall*

Die Hoch-Zeit der Bewegung
brettert auf dem Kreditkarten
abroller durchs Bild, du springst auf den Sozi
und verkrallst dich in Lack und Leder

Das ganze Gewicht gegen den Wind
ein Nanogramm Pheromone
und die Verfolger der Duftspur könnten getäuscht

Auch Revolutionäre haben Gefühle
ihr habt euch klamm
und heimlich vom Set gemacht

SPÄTES FRÜHSTÜCK

Jetzt bist du wach und schwitzt
und ich noch ein bisschen mehr
der Hitze dieses Sommers

Passen sich unsre Körper an
und du lachst, während ich
zum Kühlschrank geh', wo nichts

Ist außer ein paar Wurzeln
und blaues Licht, das
auf ein Salatgerippe fällt.

Zum Gabelfrühstück gibt es
ein *Lunch Poem*, das den Hunger
nur flüchtig stillt, Frank O'Hara

Als Häppchen und Erdbeeren schießen
aus dem Grab des Morgens und
verwischen unsre Münder, rot

Digital Boheme

Im Kühlschrank der letzten Generation
kommunizieren kabellos Senf- und Pesto-Reste

Er hat ein Pizza-Update bestellt und
die Freunde zum Umtrunk in die Küche

Sie bringen das Bier in Dreierreihen, er schmeißt
das Notebook an, ein Oszillogramm an die Wand

Am Notausgang wartet eines seiner Medien
das setzt er animiert und chiffriert voraus

Sie führt seine Börse, er kann nicht mit Münzgeld
und weniger noch, mit harten Schnitten

FREIES NEUKÖLLN

für Tom Schulz

Niemand wollte den Tisch teilen, nur
ein Taxi zu den besseren Enden der Stadt
(aber lass die Enden Enden sein)

Weder die Flotte Friedel, noch die Champions League
konnte dein Herz in diesem angekündigten
Jahrhundertsturm ...

Ach du und dein Pannierstraßenliebchen
wo ist sie jetzt? Verhaspelt sich gegenüber
den Kleingärtnern beim Kiezquiz ...

Wie wärs, wenn wir uns im Hinterzimmer
Kopfmassagen ergäben, dort, wo heute
Schneeflocken fielen, wo man seit Jahr
und Tag Protest auf Podcast sendet

Retsina verbindet. Ewalinka,
richte deine Retina. Du denkst immer noch
das hier sei der Wilde Westen ...

ZWANZIGTAUSEND

Ring frei, die Arena den Dichtern
das Mikrofon offen, alô? alô? alô!
der erste *punch*, Wilhelm/Guilhermo
Zárvos und der Schakal/Chakal
salutieren mit Fäusten das Jahr 2006
ein Salto *back to the roots*
Performances, Fluxus *at its best*
Meister Nam June Paik, doch es geht
um blutige Politik im cepi 20 000
blood and honor und Stipendien und
Reisebeihilfen der brasilianischen Links
Regierung. Der Schakal steht fest auf
beiden Beinen, bringt Dichterinnen
jung u. hübsch, zum Johlen, »faiz trinta
anos que eu falo poesia/seit beinah
dreißig jahr sprech ich Poesie«
Guilhermo, der Windhund, springt
übers präparierte Klavier auf die Welt
die nur ein Bretterverschlag, die Bombe
Wilhelm (gestern Nacht noch in Windeln
oder manierlich am Sadomaso-Buffet)
wirft den Schakal zu Boden, dengelt
dessen Schädel bis die Poesie, gesprochen
oder nicht, nach oben, nach unten spritzt
Ein Eifersuchtsdrama? Rio vs. São Paulo?
Applaus, Chapeau-Geschrei, *so geht's
hier jeden Sonntag ab*, ein Funkeln von
den Rängen, blitzender Zahnschmelz
gehalten von Spangen. Nur hereinspaziert
Ihr Pomeranzen, Spektakel garantiert
die Bühne ist jetzt *for all*, der Schakal
keucht hinter den Kulissen, die Rampen
Sau vertrieben von Zárvos' Dythiramben

Stell dir vor

Stell dir vor, es wär Sommer und keiner verlässt
das Bett, der Marionettenmann, zum Beispiel
aus dem Küchenregal, der sich sonst an das Bärenbaby
klammert oder hinter der Schachtel Kerzen
versteckt, der tanzt auf einmal auf einen Soundtrack

Von Mauricio Kagel. Wer verdammt ist dieser Kagel?
Die Gewitterfront über einem nahen See macht kehrt
ein verlorener Blitz lenkt noch die Mokassins
um, doch keine Kapriolen, kein Hagel trommelt
nur Nachbarn mit ihren winzigen Würfeln
die ganze Nacht am Spielen, am Trinken. Aber
der Sommer, der muss doch mal, der muss doch

Ein Ende finden, sonst werden wir alle Väter und Mütter
von Kindern, die bei anderem Klima den Regalen
gehörten; ihre flaumigen Köpfchen verborgen hinter
Kisten, in denen wir die Winterkerzen stapeln

Jungmusiker

> Ich habe deine Freundin angeschaut
> sie gefällt mir und ich ihr
> na und?
>
> *Babasonico*s

Seine Band nennt sich weder Cyber Camus
noch der Stil Psychedelic Pop. Sie sind
falsche Zwillinge der Zielgruppen:

Die eine blondiert, die andere gepierct
in geringelten Strümpfen
beim Soundcheck

Oder, wie wir sagen, Klangprobe

Und er, der echte, am Nietenhalsband
bricht die Sticks über der *bass-drum*
die Herzen hinter Absperrgittern

Backstage zündet er ein Glas Wein und
die Babasonicos an, es wird wieder hell
und Körper, die sich brauchen
werden Flecken hinterlassen

Besuch aus Spanien

Neue Frisuren und Partner ziehen Schlieren
auf dem Untersetzer. Die Ansteckpins, die wir
uns über den Tisch schieben, die Hände in einer Stola
zweiter Hand und der Verweis auf die Kommentarfunktion
unserer Blogs – draußen, *im Halbschatten einer Laterne*

Die Dinge, die noch zu sagen ... ein plötzlicher Schneefall
der auf Fotos, später, nicht zu sehen, treibt den Ausgeh
Zwang in die Jahre, im zweiten Hinterhof der Club
der die Kerze an den Bordstein stellte, wir gehen vorüber
beißen rückwärts gegen die Kälte auf Kerne. Die blaue Stunde

Wir spucken sie fahrlässig an eine Brandmauer
das Wort auf dem Dach gemeinsam gelernt
zum Abschied drückst du mir die Zähne gegen
die Lippen, *so jung kommen wir nicht mehr
zusammen*

Tartufo und dreissig

Das Buffet, der Wein, elterlich
gesponsert die Freundin, eine der drei Damen
am Lächeln

Das unrasierte Kinn, *Gillette hinter Gittern*
über der geröteten Schulter

Kein Buch, kein Baum, kein Kind
das uns nennt

Nur die Faust in der Tasche
Parafin, pour fin
vor den Kerzen im Rund

Seestrasse, 1981

Im Esszimmer das Fischglas
der Schleierschwanz mit Skorbut
Blauschimmel aus dem Rund
Funkempfänger

Im Fahrradschuppen die Angel
Haken unter der Zunge
des bösen Onkels *dann klappts
auch mit der Nachbarin*

Und im Hof der Sandkasten
hinter den sieben Meeren, den Bergen
und eine gehörige Portion
Bärendreck

(remixed von Tomtom)

Hier liegt kein Mund begraben

KATALANISCHE VOLKSWEISE

Es war ein elfter im Monat, die Telefone
weckten den Nachtmahr

Bilder wurden nachgeliefert, Gerüchte am Abend
am Morgen Gewissheit

Es wurde nicht gekocht, die Töpfe geschlagen, Hand
in Hand durch Gracia

Hier liegt kein Mund begraben, sie pfiffen die Tauben
von den Dächern, die Lügner

Der, der den Pfleger spielt (in *Sprich mit ihr*)
warf Blumen auf den Plaza Catalunya

Zwei aus dem Süden malten Zinken an Schilder
andere versetzten ein Kreuz

Pinhal Novo, im Herbst

Die Hauptstraße, ein gespiegeltes L
unter der Fußgängerbrücke, auf den Gleisen
gen Norden lauert ein Dschungeltier (die Flügel
gestutzt und reif für die Manege)

Im Feierabendzug werden Kartons geknipst
die Zunge über Schwellen gefaltet (*tresch! tresch!*)

Pinien an der Trasse und Kerne
im Coop *wir wiegen noch selbst*
Maniok, Bataten, Oliven in Lake

Auf der Kelle nicht schwarz, nicht grün
Made in Macão, wo ein Farbstoff rebelliert
hat ein Esel am anderen Ende der Welt
von Dir aus gesehen Pigmentstörung

Während der Wirt Madeira schwenkt
blühen im Garten Agaven
einmal in sieben Jahren, sterben
jung wie der Papst

In der Nachbarschaft kennt man Pessoa
persönlich vom Hörensagen
die oxidierte Figur im Chiado

Der Katamaran nach Lissabon
nimmt kein Blatt vors Ruder, fährt schnell

Zur Arbeit auf dem Platz vor der Oper
für *artesanos*, Tagewerker der Kunst
Angolaner am Band, Mosambikaner am Wasserhydrant

Am Fuße des Ölbergs, wo die Karavellen des Imperiums
in See stachen, von einem frankophilen
Maler kubistisch getroffen versanken

Nur Meter vor Belém erblickten
das Licht der Welt
Docks und mehr Docks, saniert für Touristen.

Madrid, April 1997

This shady lane
nennt sich Gran Vía
jeder will, jeder braucht eine
Fotostrecke in der Freien Presse
ohne Drahtseil, aber mit Akt
am Tag der Bestie (Karfreitag)
der Priester an der Fassade
dieser Heavy-Metal-Freak
in Pogo und Soutane
der eben noch Kinder
mit Snuff-Videos vor dem Fnac
– drei Stockwerke
Kulturindustrie –
und vor laufender Kamera
Plagen über Paläste
oder der Masse hinterher
– »hier kommt man
schnell und ohne
finanzielles Interesse
ins Gespräch« –
im Retiro-Park
spielen sie Blitzschach
und Retro-Blues
solange die Polizei
die Wege harkt
solange Mary Jane
im Ausfallschritt

Inhalt

Ein paar Füsse kosten nicht die Welt

Botanischer Garten · 8
Komplizierte Fälle · 9
Naherholung · 10
Ewige Konstellation weniger Sekunden · 11
Rotbucht, ungeklärt · 12
Endspiel in den Tropen · 13
Bringservice · 14
Café Livros · 15
Glória · 16
Strandlandschaft · 17
Gedicht, atmosphärisch aufgeladen · 18
On the Radio · 19
Städte, verräumt · 20
Bus 372, Glória über Leblon · 21

Die Stadt ist eine Gürtelrose

Neu Chicago · 26
Kaltblüter über Fliesen · 27
Der Schlachthof · 28
Rauchen verboten · 29
Veteranen · 30
Hauptstädtische Koketterie · 31
Tarife · 32
Nachbarschaft · 33
Fernbedienung · 34
Überfall auf die Fantasie eines Heimgekehrten · 35
Kunst der Außenbezirke · 36
Nabelschnur · 37
Mikroklima · 38
Virtual love affair & company · 39
Spanischlehrer für Ausländer · 40

DIE NATUR DER NATUR

Die Ameisen · 43
Der Untergang · 44
Der Bär und er · 45
Barbecue · 47
Kleinere Tiere · 48

RESTPOSTEN AUS LONDON

Quartiersmanagement · 52
Original ohne Untertitel · 53
Spätes Frühstück · 54
Digital Boheme · 55
Freies Neukölln · 56
Zwanzigtausend · 57
Stell dir vor · 58
Jungmusiker · 59
Besuch aus Spanien · 60
Tartufo und dreißig · 61
Seestraße, 1981 · 62

HIER LIEGT KEIN MUND BEGRABEN

Katalanische Volksweise · 65
Pinhal Novo, im Herbst · 66
Madrid, April 1997 · 68